Les pates

SALADES, GRATINS, POÊLÉES ET AUTRES DÉLICES ITALIENS

Textes Caroline Darbonne
Photographies Frédéric Lebain

Sommaire

Il était une fois... des pâtes

*

La légende raconte que Marco Polo (1254-1324) aurait rapporté de son séjour en Chine les secrets de fabrication des pâtes. La découverte d'un bas-relief étrusque près de Rome datant du IIIe siècle avant J.-C., décrivant une scène de fabrication des pâtes avec un rouleau, une planche et une roulette coupe-pâte, jette le doute sur cette croyance. Les Grecs qui fondèrent la ville de Naples au Ve siècle avant J.-C. se nourrissaient déjà d'un mélange de farine et d'eau séché au soleil puis cuit à l'eau. Cette pâte pourrait être l'ancêtre des macaroni ou des lasagne, premières formes connues des pâtes alimentaires en Italie. En Chine, on mangeait aussi des pâtes au IIIe siècle avant J.-C. On représentait les cuisiniers chinois étirant entre leurs doigts « les barbes du dragon », ancêtres du vermicelle chinois. En Asie, depuis la nuit des temps, les pâtes étaient dégustées, frites, bouillies, farcies ou sautées. Comme on peut le constater, l'origine des pâtes est assez difficile à déterminer.

Bien sûr, les Italiens en revendiquent la paternité. On a retrouvé des écrits destinés au roi de Sicile (XIIe siècle) qui expliquaient comment faire sécher les pâtes fraîches à l'air libre pour les conserver. L'art du séchage se répandit très vite dans la péninsule. Dès lors, la fabrication et la commercialisation des pâtes prirent un essor considérable.

C'est à la Renaissance que les pâtes commencèrent à se développer en France. Catherine de Médicis en fit une habile promotion avec ses cuisiniers florentins qui livrèrent leurs secrets de fabrication et de préparation. Malgré le succès des pâtes à la cour à la Renaissance, il faudra attendre deux siècles pour conquérir tout le royaume de France. Le véritable essor des pâtes débuta vraiment au XIXe siècle avec leur fabrication industrielle. À cette époque, on découvrit un procédé permettant d'allonger leur conservation en séchant les pâtes par alternance de ventilation d'air chaud et d'air frais.

Aujourd'hui, les pâtes sont fabriquées dans des usines très sophistiquées avec un contrôle de qualité permettant de conserver intactes la couleur et la saveur de la semoule de blé dur mise en œuvre pour leur fabrication. La perfection obtenue conserve à la pâte ses lettres de noblesse : un produit simple et naturel composé de semoule de blé dur et d'eau auquel on peut ajouter des œufs, des légumes, des aromates. Les additifs chimiques et les colorants sont interdits. Grâce à nos voisins italiens, nous profitons d'une gamme étonnante de pâtes. Ils innovent sans cesse, varient les formes, les couleurs et cherchent de nouveaux assaisonnements pour notre plus grand plaisir.

Tagliatelle fraîches

À vos pâtes, prêts, partez !

*

Pour une cuisson al dente.

Compter 1 l d'eau salée pour 100 g de pâtes sèches (la quantité souhaitée par personne). Prendre un fait-tout suffisamment important pour que l'eau ne déborde pas pendant la cuisson. Porter l'eau à ébullition. Jeter les pâtes, les remuer jusqu'à la reprise de l'ébullition afin qu'elles ne s'agglutinent pas entre elles. Régler le feu de façon à maintenir un bouillonnement de l'eau. Laisser cuire à découvert en remuant de temps en temps. Goûter fréquemment, elles doivent être al dente (fermes sous la dent). Compter de 2 à 4 minutes pour les pâtes fraîches. Respecter le temps de cuisson noté pour les pâtes sèches, en goûtant 2 ou 3 minutes avant la fin de la cuisson indiquée. Prélever un verre d'eau de cuisson des pâtes avant de les égoutter. Les reverser dans un plat préchauffé, mélanger vite avec de l'huile d'olive et le verre d'eau réservé. Ajouter la sauce selon la recette choisie. Servir aussitôt, sinon elles risquent de devenir rapidement collantes.

L'ami fidèle des pâtes, le parmesan.

Né en Toscane au XIe siècle, le parmesan, l'incontournable « parmigiano reggiano », est produit dans une zone restreinte d'Émilie-Romagne, entre les villes de Parme et de Reggio nell'Emilia, d'où son nom. Ce fromage au lait cru de vache, à pâte pressée et cuite, de consistance granuleuse, est affiné pendant 2 ans avant d'être dégusté en copeaux ou râpé au dernier moment sur ses amies les pâtes.

On reconnaît le véritable « parmigiano reggiano » à son nom inscrit en pointillé tout autour de la meule. Le cachet du Consortium de défense né en 1934 doit figurer sur les sachets de parmesan râpé pour attester sa provenance.

Les pâtes... diététiquement correct

Les pâtes ne font pas grossir et peuvent aider à contrôler son poids lors d'un régime amaigrissant : 100 g de pâtes cuites apportent 150 calories environ. Pauvres en lipides, les pâtes renferment beaucoup de glucides complexes (amidon qui donne une importante source d'énergie). Finis les coups de fatigue physiques ou intellectuels. En effet, cette diffusion très lente des glucides complexes (100 à 200 g par 24 h) permet de disposer d'énergie sur une longue durée et évite la faim et le grignotage entre les repas.

Autre avantage, les pâtes constituent une très bonne source de vitamines du groupe B, en particulier les vitamines B1, B2, B6, B8 et B9, indispensables à l'organisme. Elles sont également très riches en oligoéléments tels le magnésium, le calcium, le cuivre et le fer. Associées à des légumes, à de la viande, du poisson ou des fruits de mer, elles réunissent donc tous les nutriments essentiels à l'organisme, en particulier à celui des enfants, des adolescents et des sportifs qui brûlent très vite leur énergie.

Abécédaire des pâtes

*

Cannelloni : gros cylindre de pâte à farcir de légumes, de fruits de mer, de poisson. Les cannelloni sont souvent nappés de sauce tomate, de parmesan en copeaux, de mozzarella en lamelles et gratinés au four.
Conchiglie : pâte en forme de gros coquillage que l'on peut fourrer de toutes sortes de sauces, béchamel, sauce tomate...
Farfalle : en forme de nœud papillon, c'est l'indispensable des salades de pâtes pour égayer les tables d'été.
Fettucine : tagliatelle fine.
Fusilli : petite pâte plate ou torsadée.
Lasagne : de forme plate et rectangulaire. Elle se déguste en couches horizontales en alternance avec une sauce et une farce, recouverte de parmesan.
Macaroni : de forme ronde et creuse, court ou long, le macaroni est le complice du fromage et le roi du gratin.
Penne : pâte creuse, striée et biseautée, « cousine » du macaroni, elle accroche la sauce avec de petits morceaux de viande.
Rigatoni : grosse pâte tubulaire, plus importante que le penne, qui nécessite une sauce consistante.
Spaghetti : long, fin, cylindrique, il occupe une place prépondérante dans la cuisine italienne. Les spaghetti ou les capellini, les plus petits de la famille, se marient avec de simples sauces riches en huile d'olive.
Tagliatelle : longue, plate et légère, de couleur blond doré ou verte (aux épinards), noire (à l'encre de seiche)... On la nomme également tagliolini, taglierini, fettucine pour les plus fines ou pappardelle, d'un gabarit beaucoup plus important. La forme des tagliatelle permet toutes les adaptations possibles, accompagnées de petits légumes, de fruits de mer, de coquilles Saint-Jacques, de palourdes, de coques..., mets raffinés, foie gras, saumon fumé, œufs de saumon, truffe ou caviar...
Tortellini : composée d'une petite abaisse de pâte garnie d'une farce aux épinards, au jambon, au fromage, repliée et façonnée en anneau.

Nid de tagliatelle

Les pâtes dans tous leurs états

*

On compte en Italie plus de 300 formes de pâtes, entre pâtes fraîches (simples ou farcies) et pâtes sèches, parmi lesquelles on trouve une grande diversité, courtes, fines, lisses, longues, plates, rondes...

Pâtes sèches : fabriquées avec de la semoule de blé dur, les pâtes sèches représentent plus de 90 % de la consommation française, en raison de leur facilité de conservation et de leur prix modique.

Pâtes fraîches : poussées par l'influence italienne, les pâtes fraîches arrivent de plus en plus dans nos assiettes. Seules les pâtes à la semoule de blé dur (avec ou sans œufs) et non pasteurisées ont droit à la dénomination « pâtes fraîches ». On trouve des pâtes fraîches nature ou parfumées sous de nombreuses formes. Les tagliatelle sont les plus courantes. Notons également l'existence de pâtes fraîches farcies au fromage, aux légumes, aux herbes, à la viande... Ce sont des ravioli ou des tortellini.

Fettucine aux épinards et coquillages en pâte sèche.

Tradition et terroir

Bouillon aux ravioles de Royan

• Pour 6 personnes • Préparation : 5 min • Cuisson : 3 min

*

- 1,5 l de bouillon de volaille
- 6 plaques de ravioles de Royans
- 2 c. à s. de ciboulette ciselée
- 100 g de copeaux de parmesan
- Sel et poivre au moulin

Faire bouillir le bouillon de volaille dans une grande casserole.

Détacher les ravioles.
Les plonger dans le bouillon et laisser cuire pendant 3 min.

Verser le tout dans une soupière.
Au moment de servir, parsemer de ciboulette. Saler, poivrer et décorer avec les copeaux de parmesan.

Cannelloni gratinés

• Pour 4 personnes • Préparation : 15 min • Cuisson : 30 min

*

- 200 g de steak haché
- 200 g de veau haché
- 200 g de blanc de poulet haché
- 1 c. à s. d'huile d'olive
- 50 cl de coulis de tomates
- 2 c. à s. de persil haché
- 300 g de cannelloni à farcir
- 1 noix de beurre
- 80 g de parmesan râpé
- Sel et poivre au moulin

Béchamel :
- 40 g de beurre
- 2 c. à s. de farine
- 50 cl de lait demi-écrémé
- Sel et poivre au moulin

Faire revenir les viandes à l'huile d'olive dans une poêle.
Bien mélanger.
Ajouter la moitié du coulis de tomates et le persil.
Saler et poivrer, remuer. Laisser refroidir.
Préchauffer le four à 200 °C (th.7).

Préparer la béchamel : faire fondre le beurre dans une casserole, ajouter la farine en fouettant.
Laisser cuire pendant 2 min, puis verser le lait bouillant au fur et à mesure sans cesser de mélanger. Saler et poivrer.
Remplir les cannelloni de viande à l'aide d'une petite cuiller.

Beurrer un plat à gratin. Y déposer les cannelloni.
Napper du reste de coulis de tomates et de la béchamel.
Les cannelloni doivent être recouverts de sauce.
Saupoudrer de parmesan.
Faire cuire au four pendant 30 min.
Servir très chaud, accompagné d'une salade verte.

Capellini aux courgettes et aux anchois à la catalane

• Pour 4 personnes • Préparation : 15 min • Cuisson : 10 min

*

- 2 petites courgettes
- 3 c. à s. d'huile d'olive
- 1 échalote hachée
- 2 gousses d'ail émincées
- 400 g de capellini
- 12 filets d'anchois à la catalane
- 1 poignée de pignons de pin
- Sel et poivre au moulin

....

Laver et essuyer les courgettes.
Les couper en petits dés.
Faire revenir les courgettes à l'huile dans une poêle, avec l'échalote et l'ail.
Saler et poivrer.
Mélanger.
Laisser mijoter à feu doux pendant 10 min.

Pendant ce temps, cuire les capellini al dente dans une grande quantité d'eau bouillante salée pendant 3 min.
Les égoutter.

Répartir délicatement les pâtes, les légumes et les anchois dans un saladier.
Parsemer des pignons de pin.
Servir aussitôt.

Cheveux d'ange à l'huile de persil

• Pour 4 personnes • Préparation : 5 min • Cuisson : 5 min

*

- 1 piment rouge frais
- 3 c. à s. de persil haché
- 5 c. à s. d'huile d'olive
- 400 g de cheveux d'ange
- 100 g de tomates confites
- 100 g d'artichauts à l'huile
- Sel

....

Laver le piment et le couper en très petits cubes en éliminant les graines.

Mettre le persil et le piment dans un saladier.

Ajouter l'huile. Réserver.

Faire cuire les pâtes al dente dans une grande quantité d'eau bouillante salée pendant 5 min.

Les égoutter.

Les verser dans le saladier et bien mélanger.

Incorporer les tomates et les artichauts.

Servir aussitôt.

Conchiglie à la saucisse de Morteau

• Pour 4 personnes • Préparation : 10 min • Cuisson : 15 min

*

- 1 saucisse de Morteau
- 20 g de margarine
- 1 bocal de tomates concassées
- 1 c. à s. de thym émietté
- 400 g de conchiglie
- 1 c. à s. de basilic ciselé
- 80 g de parmesan en copeaux
- Sel et poivre au moulin

Couper la saucisse de Morteau en rondelles.
Mettre la margarine à fondre dans une poêle et y faire dorer la saucisse.
Ajouter les tomates et le thym.
Saler et poivrer.
Laisser mijoter pendant 15 min.

Pendant ce temps, faire cuire les pâtes al dente dans une grande quantité d'eau bouillante salée pendant 10 min.
Les égoutter.

Verser les pâtes dans un plat, ajouter la saucisse et la sauce.
Parsemer de basilic et de parmesan.
Déguster immédiatement.

Farfalle en piperade

• Pour 6 personnes • Préparation : 10 min • Cuisson : 20 min

- 6 œufs
- 400 g de farfalle
- 12 petites tranches de jambon de Bayonne
- Sel

Piperade :

- 1 poivron vert
- 1 poivron rouge
- 1 poivron jaune
- 3 tomates
- 1 oignon haché
- 8 gousses d'ail hachées
- 2 c. à s. d'huile d'olive
- 1/2 piment d'Espelette
- Sel et poivre au moulin

Cuire les œufs à l'eau bouillante salée pendant 5 min afin qu'ils soient mollets. Réserver.

Préparer la piperade : laver les poivrons et les essuyer.
Les couper en deux. Ôter les graines et le pédoncule. Les couper en petits dés.
Monder les tomates et les couper en quartiers.
Faire revenir l'oignon et l'ail à l'huile dans une sauteuse.
Ajouter les poivrons. Bien mélanger.
Incorporer les tomates et le piment.
Saler et poivrer. Laisser compoter à feu doux pendant 10 min.

Pendant ce temps, cuire les pâtes al dente dans de l'eau bouillante salée pendant 10 min.
Les égoutter et les réserver au chaud.
Faire revenir le jambon dans une poêle sans matière grasse.
Disposer de la piperade dans chaque assiette, 1 œuf mollet au centre entouré de farfalle et de jambon.

Fettucine aux cèpes

• Pour 4 personnes • Préparation : 10 min • Cuisson : 15 min

- 500 g de cèpes
- 60 g de margarine
- 500 g de fettucine
- 1 gousse d'ail hachée
- 5 cl de vin blanc sec
- 15 cl de crème fraîche
- 2 c. à s. de basilic ciselé
- Sel et poivre au moulin

Enlever le bout terreux des cèpes.
Les nettoyer soigneusement avec une brosse humide.
Les essuyer dans un torchon.
Couper les chapeaux en lamelles et les pieds en dés.
Faire fondre la margarine dans une sauteuse.
Déposer les cèpes et laisser cuire pendant 10 min à feu vif en remuant de temps en temps.

Pendant ce temps, faire cuire les pâtes al dente dans une grande quantité d'eau bouillante salée pendant 5 min.

Ajouter l'ail aux cèpes, remuer et verser le vin blanc.
Retirer du feu.
Saler et poivrer.
Égoutter les pâtes.
Les incorporer aux champignons.
Ajouter la crème fraîche et réchauffer pendant quelques minutes.
Au moment de servir, parsemer de basilic.

Fricassée de fusilli aux poireaux et aux lardons

• Pour 4 personnes • Préparation : 10 min • Cuisson : 20 min

- 8 blancs de poireau
- 2 échalotes émincées
- 1 gousse d'ail hachée
- 2 c. à s. d'huile d'olive
- 1 barquette de lardons fumés
- 400 g de fusilli
- 1 c. à s. de ciboulette hachée
- Sel et poivre au moulin

Laver et couper les blancs de poireau en petites rondelles.
Faire revenir les échalotes et l'ail à l'huile dans une sauteuse.
Ajouter les lardons et les poireaux.
Poivrer.
Verser 1 verre d'eau et laisser mijoter pendant 15 min.

Pendant ce temps, cuire les fusilli al dente dans de l'eau bouillante salée.
Les égoutter.

Disposer les pâtes dans un plat de service. Verser les poireaux et les lardons.
Rectifier l'assaisonnement.
Parsemer de ciboulette.
Servir aussitôt.

Gnocchi à la romaine

• Pour 4 personnes • Préparation : 15 min • Cuisson : 40 min

- 1 l de lait demi-écrémé
- 100 g de beurre
- 300 g de semoule de blé dur
- 4 jaunes d'œufs
- 6 c. à s. de parmesan râpé
- 6 c. à s. d'emmental râpé
- 10 olives noires hachées
- 1 c. à c. de sel

Faire chauffer le lait dans une casserole avec 25 g de beurre. Ajouter la semoule en pluie quand le lait commence à bouillir. Cuire de 15 à 20 min à feu doux en remuant constamment. Retirer du feu et laisser refroidir.
Ajouter les jaunes d'œufs, le sel, 2 c. à s. de parmesan et 2 c. à s. d'emmental. Bien mélanger.

Humecter le plan de travail à l'eau froide et verser la pâte à gnocchi dessus. Étaler la pâte en une couche de 1 cm d'épaisseur environ à l'aide d'une spatule trempée dans de l'eau froide.
Laisser la pâte refroidir à température ambiante. La découper en disques de 4 à 5 cm de diamètre avec un emporte-pièce ou un verre.

Réchauffer le four à 200 °C (th. 7). Disposer les gnocchi dans un plat à four beurré, contre un des bords. Former une deuxième rangée chevauchant la première. Répéter l'opération de façon à remplir le plat. Faire fondre le reste du beurre et le verser sur les gnocchi. Ajouter les olives.Saupoudrer du reste de parmesan et d'emmental. Faites cuire au four pendant 20 min. Servir chaud.

Gratin de maccheroni

• Pour 4 personnes • Préparation : 10 min • Cuisson : 30 min

- 500 g de maccheroni
- 1 filet d'huile d'olive
- 50 g de beurre
- 20 g de farine
- 1 pincée de noix muscade râpée
- 25 cl de crème fraîche épaisse
- 80 g de beaufort râpé
- Sel et poivre au moulin

Cuire les maccheroni dans une grande quantité d'eau bouillante salée avec l'huile pendant 10 min. Les égoutter, en réservant 20 cl de l'eau de cuisson.

Faire fondre 20 g de beurre dans une petite casserole sans coloration.
Ajouter la farine d'un seul coup et mélanger.
Verser l'eau de cuisson des pâtes réservée en remuant vivement.
Laisser mijoter pendant 10 min.
Saler et poivrer.
Ajouter la muscade et la crème fraîche à la préparation et remuer.

Préchauffer le four à 210 °C (th. 7).
Mélanger délicatement les maccheroni et 2 c. à s. de beaufort dans un saladier. Les disposer dans un plat à gratin.
Recouvrir du reste de fromage.
Ajouter le reste de beurre.
Faire gratiner dans le four pendant 10 min.
Servir immédiatement.

Lasagne à la bolognaise

• Pour 4 personnes • Préparation : 20 min • Cuisson : 1 h 5

- 1 carotte
- 1 branche de céleri
- 2 c. à s. d'huile d'olive
- 500 g de steak haché
- 2 c. à s. de persil ciselé
- 1 gousse d'ail hachée
- 1 oignon haché
- 1 grosse boîte de tomates pelées
- 1 brique de coulis de tomates
- 400 g de lasagne
- 1 boule de mozzarella
- 20 g de beurre
- 150 g de parmesan en copeaux
- Sel et poivre au moulin

Préchauffer le four à 200 °C (th. 7).
Éplucher les légumes et les hacher. Chauffer l'huile dans une poêle et y faire revenir la viande, les légumes, le persil, l'ail et l'oignon. Ajouter les tomates pelées avec leur jus et le coulis. Saler et poivrer. Laisser compoter pendant 30 min.

Pendant ce temps, cuire les lasagne à l'eau bouillante salée pendant 10 min. Les égoutter à plat sur un torchon.
Couper la mozzarella en tranches fines.

Beurrer le fond d'un plat à gratin. Y étaler une couche de lasagne, recouvrir de la moitié de la préparation.
Répartir quelques tranches de mozzarella. Remettre une couche de lasagne et continuer jusqu'à épuisement des ingrédients.
Parsemer de parmesan.Faire cuire au four pendant 30 min et faire gratiner sous le gril pendant 5 min en surveillant. Servir aussitôt.

Lasagne à l'oseille et au saumon

• Pour 4 personnes • Préparation : 20 min • Cuisson : 40 min

- 500 g d'oseille surgelée
- 1 noix de margarine
- 400 g de ricotta
- 100 g de parmesan en copeaux
- 1 œuf
- 600 g de saumon frais
- 400 g de lasagne
- 20 g de beurre
- Sel et poivre au moulin

Béchamel :
- 40 g de beurre
- 2 c. à s. de farine
- 50 cl de lait demi-écrémé
- Sel et poivre au moulin

Faire revenir l'oseille à la margarine dans une casserole. Laisser cuire à feu doux pendant 10 min.
Mélanger la ricotta, 50 g de parmesan, l'oseille et l'œuf battu dans un saladier. Saler et poivrer. Bien remuer.

Préparer la béchamel : faire fondre le beurre dans une casserole, ajouter la farine en fouettant. Laisser cuire pendant 2 min puis verser le lait bouillant au fur et à mesure sans cesser de mélanger. Saler et poivrer.

Préchauffer le four à 200 °C (th. 7). Effeuiller le saumon. Précuire les lasagne dans de l'eau bouillante salée pendant 5 min. Les égoutter à plat sur un torchon. Beurrer un plat à gratin, y étaler les lasagne, recouvrir de farceà l'oseille et de saumon. Renouveler l'opération jusqu'à épuisement des ingrédients. Napper de béchamel. Répartir le reste de parmesan. Faire cuire au four pendant 30 min. Servir aussitôt.

Pâtes fraîches au pesto

• Pour 4 personnes • Préparation : 10 min • Cuisson : 10 min

- 2 c. à s. de basilic ciselé
- 4 gousses d'ail émincées
- 1 poignée de pignons de pin
- 5 c. à s. d'huile d'olive
- 100 g de parmesan râpé
- 400 g de pâtes fraîches
- Sel et poivre au moulin

Piler le basilic, l'ail et les pignons de pin dans un mortier, jusqu'à obtention d'une pâte.
Ajouter l'huile et le parmesan au fur et à mesure, comme pour une mayonnaise. Réserver.

Cuire les pâtes al dente dans une grande quantité d'eau salée pendant 10 min.
Les égoutter.
Les verser dans un plat de service préalablement chauffé. Poivrer.

Napper de pesto.
Servir aussitôt.

Pâtes fraîches aux coques

• Pour 6 personnes • Préparation : 10 min • Cuisson : 15 min

- 600 g de pâtes fraîches
- 6 c. à s. d'huile d'olive
- 1,2 kg de coques vivantes
- 1 c. à s. de graines de coriandre
- 2 gousses d'ail hachées
- 1 barquette de tomates cerises
- 3 c. à s. de basilic ciselé
- Sel et poivre au moulin

Faire cuire les pâtes al dente dans une grande quantité d'eau salée pendant 3 min.
Les réserver au chaud.

Chauffer 4 c. à s. d'huile dans une poêle. Verser les coques. Ajouter les graines de coriandre.
Quand les coquilles s'ouvrent, retirer du feu.
Enlever les coquilles et réserver la chair.
Réduire le liquide de cuisson à feu modéré pendant 2 min.
Le laisser refroidir et le passer à travers un tamis.

Faire rissoler l'ail avec le reste d'huile préalablement chauffée dans une casserole.
Enlever l'ail de la casserole quand il est blond.
Mettre les tomates et cuire à feu vif pendant 3 min.
Saler et poivrer.
Verser le liquide de cuisson des coques et laisser cuire jusqu'à obtention d'une sauce consistante.
Ajouter les coques et laisser frémir pendant 3 min.
Napper les pâtes de cette préparation.
Parsemer de basilic et servir aussitôt.

Penne à l'aubergine et à la mozzarella

• Pour 4 personnes • Préparation : 10 min • Cuisson : 15 min

- 150 g de mozzarella
- 1 aubergine
- 2 c. à s. d'huile d'olive
- 1 gousse d'ail hachée
- 1 bocal de tomates confites
- 50 g d'olives noires dénoyautées
- 1 c. à s. de thym émietté
- 400 g de penne
- Sel et poivre au moulin

Couper la mozzarella en petits dés. Réserver.

Laver et essuyer l'aubergine. La couper en petits dés.
Chauffer l'huile dans une sauteuse et y faire revenir l'ail et l'aubergine.
Ajouter les tomates confites, les olives et le thym.
Saler et poivrer.
Laisser compoter pendant 10 min.

Pendant ce temps, cuire les pâtes al dente dans une grande quantité d'eau salée.
Les égoutter.
Les mélanger à la sauce et poursuivre la cuisson pendant 3 min.
Verser dans un plat.
Ajouter la mozzarella et déguster aussitôt.

Rigatoni aux quatre fromages

• Pour 6 personnes • Préparation : 10 min • Cuisson : 10 min

*

- 400 g de rigatoni
- 100 g de parmesan en copeaux
- 50 g de pecorino en copeaux
- 50 g de gorgonzola émietté
- 3 c. à s. de mascarpone
- 1 c. à s. de fleur de thym
- Poivre au moulin

....

Faire cuire les rigatoni al dente dans une grande quantité d'eau salée pendant 10 min.
Les égoutter.

Disposer le parmesan, le pecorino et le gorgonzola dans un saladier.
Ajouter le mascarpone et la fleur de thym.
Mélanger.
Poivrer.
Verser les pâtes sur les fromages.
Remuer délicatement.
Servir bien chaud.

Salade de tortellini et magrets de canard fumés

• Pour 4 personnes • Préparation : 5 min • Cuisson : de 5 à 8 min

✻

- 400 g de tortellini farcis aux épinards
- 1 barquette de tomates cerises
- Quelques cerneaux de noix
- 1 barquette de magrets de canard fumés
- 1 c. à s. de ciboulette ciselée

Vinaigrette :
- 1 c. à s. de vinaigre balsamique
- 1 c. à s. d'huile de noix
- 2 c. à s. d'huile d'olive
- 1 c. à c. de moutarde forte
- Sel et poivre au moulin

Faire cuire les tortellini dans une grande quantité d'eau bouillante salée de 5 à 8 min.
Les égoutter.
Les rafraîchir à l'eau froide et les égoutter à nouveau.
Laisser refroidir.

Préparer la vinaigrette dans un saladier.
Ajouter les tortellini, les tomates et des cerneaux de noix.
Bien mélanger.
Décorer le dessus de la salade avec les magrets de canard.
Parsemer de ciboulette.
Servir bien frais.

Sauté de nouilles alsaciennes

• Pour 6 personnes • Préparation : 10 min • Cuisson : 15 min

*

- 600 g de spätzle
- 6 saucisses de Strasbourg
- 1 c. à s. de margarine
- 1 barquette de lardons fumés
- 1 c. à s. de persil haché
- Sel et poivre au moulin

Cuire les spätzle dans de l'eau bouillante salée pendant 10 min.
Les égoutter.

Pocher les saucisses pendant 5 min dans de l'eau bouillante.
Les égoutter.
Les couper en petits tronçons.

Mettre la margarine à fondre dans une sauteuse et, lorsqu'elle est bien chaude, y faire dorer les lardons.
Ajouter les nouilles et les morceaux de saucisse.
Saler et poivrer.
Bien mélanger.
Parsemer de persil et déguster immédiatement.

Spaghetti à la sauce tomate et au thon

• Pour 4 personnes • Préparation : 10 min • Cuisson : 10 min

- 1 grosse boîte de thon au naturel
- 2 c. à s. d'huile d'olive
- 2 gousses d'ail hachées
- 1 oignon haché
- 1 boîte de tomates concassées
- 500 g de spaghetti
- 1 c. à s. de persil haché
- 80 g de parmesan râpé
- Sel et poivre au moulin

Égoutter le thon.

Chauffer l'huile dans une poêle et y faire revenir l'ail et l'oignon.
Verser les tomates concassées et le thon préalablement émietté.
Saler et poivrer.
Laisser mijoter pendant 10 min.

Pendant ce temps, faire cuire les spaghetti al dente dans une grande quantité d'eau salée pendant 8 min.
Les égoutter.
Verser les spaghetti dans un plat de service.
Les napper de sauce et parsemer de persil.
Servir le parmesan à part.

Spaghetti aux gousses d'ail en chemise

• Pour 6 personnes • Préparation : 10 min • Cuisson : 10 min

*

- 3 c. à s. d'huile d'olive
- 16 gousses d'ail en chemise
- 400 g de spaghetti
- Copeaux de parmesan
- Sel et poivre au moulin

....

Mettre l'huile à chauffer dans une poêle et y faire revenir les gousses d'ail.
Laisser cuire à feu doux pendant 10 min.

Pendant ce temps, faire cuire les spaghetti al dente dans une grande quantité d'eau bouillante salée.
Les égoutter.
Les mettre dans un plat de service.
Saler et poivrer.
Déposer les gousses d'ail en chemise et les copeaux de parmesan sur les spaghetti.
Déguster immédiatement.

Tagliatelle au foie gras et baies roses

• Pour 4 personnes • Préparation : 10 min • Cuisson : 5 min

- 250 g de tagliatelle
- 180 g d'escalopes de foie gras cru
- 2 c. à s. d'huile d'olive
- 2 c. à s. de vinaigre de framboise
- 1 c. à s. de baies roses
- Fleur de thym
- Sel et poivre au moulin

Faire cuire les tagliatelle al dente dans une grande quantité d'eau bouillante salée.

Pendant ce temps, chauffer une poêle antiadhésive.
Saler et poivrer légèrement les escalopes.
Les saisir en laissant cuire pendant 1 min de chaque côté et les déposer sur du papier absorbant.
Déglacer la poêle avec le vinaigre de framboise et réserver.

Égoutter les pâtes.
Les répartir dans quatre assiettes.
Disposer le foie gras harmonieusement dessus.
Arroser avec le jus de déglaçage.
Poivrer.
Parsemer de baies roses et de fleur de thym.
Servir sans attendre.

Tagliatelle carbonara à la truite fumée

• Pour 4 personnes • Préparation : 10 min • Cuisson : 10 min

*

- 4 filets de truite fumée
- 400 g de tagliatelle
- 1 c. à s. d'huile d'olive
- 4 c. à s. de crème fraîche épaisse
- 2 jaunes d'œufs
- 1 c. à s. d'aneth ciselé
- Le jus de 1 citron
- Sel et poivre au moulin

Couper les filets de truite en lanières. Réserver.

Faire cuire les tagliatelle al dente dans une grande quantité d'eau bouillante salée pendant 10 min.
Les égoutter.
Disposer les pâtes dans un plat.

Ajouter l'huile, les lanières de truite, la crème fraîche et les jaunes d'œufs.
Poivrer.
Mélanger délicatement.
Parsemer d'aneth et arroser du jus de citron.
Servir bien chaud.

Timbale de coquillettes aux olives vertes

• *Pour 4 personnes* • *Préparation : 10 min* • *Cuisson : 20 min*

*

- 6 c. à s. de margarine
- 1 oignon émincé
- 1 c. à s. de farine
- 1/2 verre de madère
- 1 grosse boîte de champignons de Paris
- 1 c. à s. de concentré de tomate
- 250 g de coquillettes
- 100 g de comté râpé
- 8 tranches de jambon de pays
- 12 olives vertes dénoyautées
- Sel et poivre au moulin

....

Mettre 40 g de margarine à fondre dans une casserole et y faire revenir l'oignon.Saupoudrer de farine et mélanger.
Ajouter le madère et le jus des champignons. Porter à ébullition.
Incorporer le concentré de tomate.
Saler et poivrer. Laisser mijoter pendant 10 min.

Pendant ce temps, faire cuire les coquillettes dans une grande quantité d'eau salée.
Préchauffer le four à 210 °C (th. 7).
Égoutter les pâtes et les mettre dans un saladier.
Incorporer 1 c. à s. de margarine et la moitié du comté. Remuer.

Mettre les pâtes, les champignons, le jambon et les olives dans un plat à gratin en les alternant par couches.
Napper de sauce. Parsemer du reste de comté.
Déposer quelques noisettes de margarine.Faire cuire au four pendant 10 min.Servir directement dans le plat.

Torsades à la forestière

• *Pour 4 personnes* • *Préparation : 10 min* • *Cuisson : 25 min*

*

- 20 g de margarine
- 2 échalotes hachées
- 1 sachet de mélange forestier
- 10 cl de porto
- 15 cl de crème fraîche liquide
- 300 g de torsades
- 1 c. à s. de basilic ciselé
- Sel et poivre au moulin

Mettre la margarine à fondre dans une sauteuse et y faire revenir les échalotes.
Ajouter les champignons.
Laisser cuire à feu vif pendant 5 min.
Réserver.

Déglacer la sauteuse avec le porto, laisser réduire de moitié.
Ajouter la crème fraîche et remuer.
Saler et poivrer.
Porter à ébullition et laisser bouillonner jusqu'à épaississement de la sauce.
Remettre les champignons dans la sauteuse et mélanger.
Laisser mijoter pendant 5 min.

Faire cuire les torsades al dente dans une grande quantité d'eau salée pendant 10 min.
Les égoutter.
Verser les torsades dans la sauteuse et bien mélanger à feu doux pendant 5 min.
Présenter dans un plat de service et parsemer de basilic.

Tendance et exotique

Coudes aux raisins secs et aux pignons de pin

• Pour 4 personnes • Préparation : 25 min • Cuisson : 20 min

*

- 60 g de raisins secs
- 1 bol de thé
- 350 g de gros coudes
- 15 cl de crème liquide
- 60 g de parmesan râpé
- 1 c. à c. de romarin émietté
- 1 noix de beurre ou de margarine
- 60 g de pignons de pin
- 2 c. à s. de ciboulette ciselée
- Sel et poivre au moulin

Laisser gonfler les raisins secs dans le thé pendant 15 min.
Les égoutter et les réserver.

FFaire cuire les coudes al dente dans une grande quantité d'eau bouillante salée pendant 10 min.
Les égoutter.

Faire chauffer la crème avec le parmesan et le romarin dans une casserole à feu doux.
Saler et poivrer.
Préchauffer le four à 200 °C (th. 7).
Disposer les coudes dans un plat à gratin beurré.
Ajouter les raisins et les pignons de pin.
Bien mélanger.
Napper de sauce.
Faire cuire au four pendant 10 min.
Servir sans tarder.

Fusilli aux gambas et au fenouil

• *Pour 4 personnes* • *Préparation : 10 min* • *Cuisson : 35 min*

*

- 1 bulbe de fenouil
- 2 c. à s. d'huile d'olive
- 2 gousses d'ail hachées
- 200 g de pulpe de tomates
- 400 g de gambas décortiquées
- 400 g de fusilli
- Sel et poivre au moulin

....

Laver et émincer le fenouil.
Faire chauffer 1 c. à s. d'huile dans une sauteuse.
Faire dorer l'ail et ajouter le fenouil.
Mouiller avec 1 verre d'eau.
Saler et poivrer.
Couvrir et laisser cuire à feu doux pendant 5 minutes.
Incorporer la pulpe de tomates.
Poursuivre la cuisson pendant 10 minutes.
Réserver au chaud.

Faire sauter les gambas dans une poêle avec le reste d'huile pendant 5 min.

Pendant ce temps, faire cuire les pâtes al dente dans une grande quantité d'eau bouillante salée.
Les égoutter.
Déposer les pâtes dans un saladier, verser la sauce et les gambas.
Bien mélanger.
Servir bien chaud.

Gratin de lasagne aux aubergines et aux courgettes

• Pour 4 personnes • Préparation : 10 min • Cuisson : 40 min

- 250 g d'aubergines
- 250 g de courgettes
- 2 c. à s. d'huile d'olive
- 400 g de lasagne
- 2 échalotes émincées
- 2 c. à s. de ciboulette ciselée
- 1 boîte de coulis de tomates
- 100 g de parmesan râpé
- 2 verres de vin blanc sec
- Sel et poivre au moulin

Préchauffer le four à 200 °C (th. 7).
Laver et essuyer les aubergines et les courgettes.
Les couper en lanières.
Saler et poivrer.
Faire dorer séparément les légumes à l'huile dans une poêle pendant 10 min.

Mettre une couche de lasagne, une couche d'aubergines dans un plat huilé, parsemer d'échalote, de ciboulette, napper de coulis de tomates et saupoudrer de parmesan. Mettre une autre couche de lasagne, une couche de courgettes, parsemer d'échalote, de ciboulette, napper de coulis de tomates et saupoudrer de parmesan. Continuer à alterner les couches jusqu'à épuisement des ingrédients, en terminant par une couche de légumes, nappée de coulis de tomates et saupoudrée de parmesan. Arroser avec le vin blanc.
Faire cuire au four pendant 30 min.
Servir avec une salade verte.

Gratin de penne au jambon de Parme

• Pour 4 personnes • Préparation : 20 min • Cuisson : 30 min

*

- 400 g de penne
- 3 c. à s. d'huile d'olive
- 300 g de girolles surgelées
- 2 échalotes émincées
- 2 gousses d'ail hachées
- 1 c. à s. de thym émietté
- 100 g de jambon de Parme
- 3 c. à s. de crème fraîche
- 2 c. à s. de basilic ciselé
- 60 g de parmesan en copeaux
- Sel et poivre au moulin

Préchauffer le four à 200 °C (th. 7).
Cuire les penne dans de l'eau bouillante salée avec 1 c. à s. d'huile pendant 10 min.
Les égoutter et les rincer à l'eau froide. Les réserver.

Chauffer le reste d'huile dans une poêle et y faire revenir les girolles, les échalotes et l'ail.
Saler et poivrer. Parsemer de thym.
Laisser mijoter pendant 10 min.

Couper le jambon en fines lanières.
Mélanger la crème et le basilic dans un bol.

Disposer les penne, les girolles et le jambon en couches successives dans un plat à gratin, en assaisonnant et en nappant chaque couche de crème. Parsemer des copeaux de parmesan.
Faire cuire au four pendant 10 min.
Servir bien chaud.

Linguine aux sept parfums

• Pour 4 personnes • Préparation : 10 min • Cuisson : 10 min

- 1 branche de céleri
- 1 barquette de tomates cerises
- 2 gousses d'ail
- 1 oignon rouge haché
- 2 c. à s. d'huile d'olive
- 2 c. à s. de persil haché
- 2 c. à s. de basilic ciselé
- 1 c. à c. de thym émietté
- 500 g de linguine
- Sel et poivre au moulin

Laver le céleri et les tomates cerises.

Couper le céleri en petits tronçons.
Couper les tomates en quatre.

Frotter un plat de service avec l'ail et y mélanger les tomates, l'oignon, le céleri, l'huile, les herbes, du sel et du poivre.

Faire cuire les linguine al dente dans une grande quantité d'eau salée pendant 10 min.
Les égoutter.
Les verser dans le plat en remuant énergiquement.
Servir immédiatement.

Marmite de farfalle aux moules et tomates confites

• Pour 6 personnes • Préparation : 10 min • Cuisson : 10 min

- 600 g de farfalle
- 2 kg de moules de bouchot grattées
- 1 oignon épluché
- 1 verre de vin blanc sec
- 2 gousses d'ail hachées
- 1 bouquet de thym
- 1 barquette de tomates confites
- 2 c. à s. d'huile d'olive
- Sel et poivre au moulin

Faire cuire les farfalle al dente dans une grande quantité d'eau bouillante salée pendant 5 minutes.

Faire revenir l'oignon au vin blanc dans un grand fait-tout.
Ajouter les moules.
Les faire ouvrir à feu vif.
Les égoutter en réservant le liquide de cuisson. Les décortiquer.
Filtrer le liquide de cuisson.

Faire revenir les moules dans une sauteuse avec l'ail et le thym pendant quelques minutes.
Saler et poivrer.
Incorporer les pâtes et le liquide de cuisson des moules.
Ajouter les tomates confites.
Mélanger délicatement.
Disposer dans un plat de service.
Servir immédiatement.

Méli-mélo de tagliatelle

• Pour 4 personnes • Préparation : 15 min • Cuisson : 5 min

- 400 g de tagliatelle de couleur
- 1/2 poivron rouge
- 1/2 poivron vert
- 1/2 poivron jaune
- 1 barquette de tomates cerises
- Quelques olives noires
- Parmesan en copeaux
- 1 c. à s. de basilic ciselé

Vinaigrette :

- 3 c. à s. d'huile d'olive
- 1 c. à s. de vinaigre balsamique
- 1 c. à s. de ciboulette ciselée
- 1 c. à s. de persil haché
- 1 échalote émincée
- Sel et poivre au moulin

Faire cuire les pâtes al dente dans une grande quantité d'eau bouillante salée pendant 5 min.
Les égoutter et les rincer à l'eau froide.
Les égoutter à nouveau.
Les mettre dans un saladier.

Laver et essuyer les poivrons.
Les couper en petits dés.

Préparer la vinaigrette en ajoutant les herbes et l'échalote.
Incorporer les tomates cerises, des olives, les poivrons et des copeaux de parmesan.
Assaisonner les pâtes.
Parsemer de basilic et servir bien frais.
Accompagner cette salade d'un carpaccio de bœuf.

Nouilles chinoises sautées aux champignons noirs

• Pour 4 personnes • Préparation : 20 min • Cuisson : 25 min

*

- 100 g de champignons noirs déshydratés
- 300 g de nouilles chinoises aux œufs
- 300 g de blanc de poulet
- 4 c. à s. d'huile d'arachide
- 1 c. à s. de gingembre râpé
- 1 branche de citronnelle coupée en petites rondelles
- 20 cl de bouillon de volaille
- 1 c. à s. de nuoc-mâm
- Sel et poivre au moulin

....

Réhydrater les champignons dans 1 bol d'eau.

Cuire les nouilles dans une grande quantité d'eau salée pendant 10 min. Les égoutter.

Couper le blanc de poulet en fines lanières. Réserver.
Chauffer 2 c. à s. d'huile dans une poêle et y faire revenir le poulet.
Ajouter le gingembre, la citronnelle et le bouillon de volaille.
Poursuivre la cuisson pendant 8 min.

Verser le reste d'huile dans les pâtes, bien mélanger.
Mettre les nouilles dans une sauteuse et les faire dorer.
Incorporer le poulet et sa sauce.
Ajouter les champignons noirs.
Saler et poivrer.
Couvrir et laisser mijoter pendant 4 min.
Au moment de servir, arroser avec le nuoc-mâm.
Déguster aussitôt.

Oreillettes aux œufs de truite et à l'aneth

• Pour 4 personnes • Préparation : 10 min • Cuisson : 15 min

- 400 g d'oreillettes
- 2 c. à s. de fumet de poisson en poudre
- 20 cl de crème liquide
- 100 g d'œufs de truite
- 2 c. à s. d'aneth ciselé
- Sel et poivre au moulin

Faire cuire les oreillettes al dente dans une grande quantité d'eau bouillante salée pendant 8 min.

Pendant ce temps, délayer le fumet de poisson dans 10 cl d'eau.
Poivrer et laisser réduire de moitié à feu vif.
Ajouter la crème et remuer régulièrement.
Laisser réduire pour épaissir la sauce.

Égoutter les pâtes. Les verser dans une sauteuse.
Ajouter la sauce et laisser cuire à feu doux pendant 3 min.
Mélanger délicatement.
Présenter les pâtes dans un plat de service préalablement chauffé.
Parsemer d'œufs de truite et d'aneth.
Servir aussitôt.

Pappardelle aux fruits de mer

• Pour 4 personnes • Préparation : 10 min • Cuisson : 15 min

- 1 c. à s. d'huile d'olive
- 1 gousse d'ail émincée
- 1 échalote émincée
- 500 g de fruits de mer surgelés
- 1 verre de vin blanc sec
- 400 g de pappardelle
- 1 c. à s. de persil ciselé
- Sel et poivre au moulin

Chauffer l'huile dans une sauteuse et y faire frire l'ail et l'échalote.
Ajouter les fruits de mer et le vin blanc.
Saler et poivrer.
Laisser mijoter pendant 10 min.

Pendant ce temps, cuire les pâtes al dente dans une grande quantité d'eau bouillante salée.
Égoutter les fruits de mer en réservant le liquide de cuisson.
Égoutter les pâtes.

Mettre les pâtes et les fruits de mer dans une cocotte.
Mouiller avec le liquide de cuisson des fruits de mer.
Bien mélanger et laisser réchauffer pendant quelques minutes.
Au moment de servir, parsemer de persil.

Pâtes au curry à la coriandre

• Pour 6 personnes • Préparation : 15 min • Cuisson : 10 min

- 2 carottes
- 600 g de tagliatelle fraîches
- 1 c. à s. de margarine
- 1 c. à s. de curry
- 2 c. à s. de crème fraîche
- 1 c. à c. de graines de coriandre
- 2 c. à s. de coriandre ciselée
- Sel et poivre au moulin

Peler les carottes, les détailler en fines lanières.

Faire cuire les pâtes al dente dans une grande quantité d'eau bouillante salée de 3 à 4 min.
Les égoutter.

Faire fondre la margarine dans une poêle, saupoudrer de 1 pincée de curry.
Ajouter les carottes, mélanger délicatement.
Laisser compoter de 3 à 4 min.
Ajouter la crème, les graines de coriandre puis le reste de curry.

Déposer les pâtes dans la poêle.
Bien remuer.
Réchauffer pendant 2 min.
Parsemer de coriandre.
Rectifier l'assaisonnement si nécessaire.
Disposer les pâtes dans un plat de service.
Servir aussitôt.

Pâtes brunes au basilic, sauce aux anchois

• Pour 4 personnes • Préparation : 10 min • Cuisson : 10 min

*

- 250 g de spaghetti complets
- 1 boîte de filets d'anchois à l'huile d'olive
- 1 c. à s. de câpres égouttées
- 16 olives noires à la grecque dénoyautées
- 1 c. à s. d'huile d'olive
- 100 g de tomates cerises
- 2 c. à s. de basilic ciselé
- Poivre au moulin

Faire cuire les pâtes al dente dans une grande quantité d'eau bouillante salée pendant 10 min.
Les égoutter.
Les réserver au chaud.

Préparer la sauce aux anchois : égoutter les filets d'anchois, les mixer.
Ajouter les câpres, les olives coupées en quatre et l'huile.
Mixer pendant 30 s.
Ajouter les tomates cerises, mixer encore pendant 30 s pour obtenir un mélange onctueux.
Verser la sauce dans un saladier.
Déposer les pâtes dans la sauce. Poivrer.
Mélanger délicatement et longuement avec deux fourchettes.
Parsemer de basilic et servir aussitôt.

Pâtes fraîches aux saint-jacques à l'estragon

• Pour 6 personnes • Préparation : 10 min • Cuisson : 15 min

- 600 g de pâtes fraîches
- 600 g de coquilles Saint-Jacques décortiquées
- 50 g de margarine
- 20 cl de vin blanc sec
- 2 échalotes émincées
- 100 g de petits pois écossés
- 300 g de crème fraîche
- 2 c. à s. d'estragon ciselé
- Sel et poivre au moulin

Faire cuire les pâtes al dente dans une grande quantité d'eau salée de 3 à 4 min.

Émincer les noix de saint-jacques en deux morceaux dans le sens de l'épaisseur.
Mettre la margarine à fondre dans une sauteuse et les faire revenir rapidement avec les coraux.
Les réserver dans une assiette.

Déglacer la sauteuse avec le vin blanc.
Ajouter les échalotes et les petits pois.
Faire réduire de moitié à feu vif.
Incorporer la crème et 1 c. à s. d'estragon.
Saler et poivrer.
Laisser mijoter pendant quelques minutes.
Laisser réchauffer doucement.
Servir dans la sauteuse.
Parsemer du reste d'estragon.
Déguster aussitôt.

Poêlée de vermicelles et légumes sautés

• Pour 4 personnes • Préparation : 10 min • Cuisson : 20 min

*

- 200 g de vermicelles de soja
- 3 c. à s. d'huile de sésame
- 1 c. à s. d'huile d'arachide
- 2 gousses d'ail hachées
- 1 barquette de dés de jambon
- 50 g de pois gourmands épluchés
- 50 g de fèves écossées
- 5 c. à c. de sauce soja
- 3 c. à c. de vin de Xérès sec
- 1 morceau de sucre
- 3 c. à s. de coriandre ciselée
- 2 c. à s. de graines de sésame
- Sel

Faire cuire les vermicelles dans une grande quantité d'eau salée pendant 10 min.
Les égoutter.
Les plonger dans l'eau froide puis les égoutter à nouveau.
Arroser d'huile de sésame et mélanger délicatement.

Chauffer l'huile d'arachide dans une grande poêle et y faire revenir l'ail et le jambon.
Ajouter les légumes.
Faire revenir à feu vif pendant 2 min.
Ajouter les vermicelles, la sauce soja, le vin de Xérès, le sucre, la coriandre et les graines de sésame.
Laisser mijoter en remuant régulièrement pendant 5 min.
Servir aussitôt.

Poêlée printanière

• Pour 4 personnes • Préparation : 10 min • Cuisson : 15 min

*

- 400 g de penne
- 4 c. à s. d'huile d'olive
- 200 g d'oignons grelots surgelés
- 1 barquette de lardons
- 200 g de brocolis surgelés
- 200 g de haricots verts surgelés
- 3 cœurs d'artichaut surgelés
- 1/2 verre de vin blanc sec
- 1 c. à s. de persil haché
- Sel et poivre au moulin

Faire cuire les pâtes al dente dans une grande quantité d'eau bouillante salée de 8 à 10 min.

Pendant ce temps, chauffer l'huile dans une sauteuse et y faire revenir les oignons et les lardons.
Ajouter tous les légumes.
Mouiller avec le vin blanc.
Saler et poivrer.
Laisser cuire à feu doux pendant 10 min.

Égoutter les pâtes. Les verser dans la sauteuse et bien les mélanger aux légumes.
Cuire de 3 à 4 min.
Parsemer de persil.
Disposer dans un plat de service préchauffé.
Servir immédiatement.

Rubans de tagliatelle et de courgette

• Pour 4 personnes • Préparation : 10 min • Cuisson : 10 min

*

- 20 g de margarine
- 2 oignons hachés
- 2 c. à s. de crème fraîche
- 1 c. à c. de safran en filaments
- 500 g de courgettes
- 400 g de tagliatelle fraîches
- 1 c. à s. de basilic haché
- Sel et poivre au moulin

Faire fondre la margarine dans une sauteuse et y faire revenir les oignons.
Ajouter la crème et le safran.
Saler et poivrer.
Faire chauffer doucement.

Laver les courgettes.
Les couper en lanières avec un couteau économe.

Faire cuire les tagliatelle dans de l'eau bouillante salée de 3 à 4 min.
Une minute avant la fin de la cuisson, jeter les lanières de courgette dans l'eau de cuisson.
Égoutter les pâtes et les courgettes.
Les mettre dans un saladier.
Arroser de crème safranée.
Parsemer de basilic.
Servir immédiatement.

Salade de coquillages à l'avocat et au saumon fumé

• Pour 4 personnes • Préparation : 20 min • Cuisson : 10 min • Réfrigération : 2 h

*

- 400 g de pâtes coquillages
- 2 avocats
- Le jus de 1 citron
- 2 tranches de saumon fumé
- Sel

Vinaigrette :

- 1 c. à s. de vinaigre de xérès
- 3 c. à s. d'huile d'olive
- 1 c. à s. de ciboulette ciselée
- Sel et poivre au moulin

Faire cuire les pâtes al dente dans une grande quantité d'eau salée pendant 10 min.

Les égoutter.

Les rafraîchir à l'eau froide et les égoutter à nouveau.

Éplucher et couper en deux les avocats.

Ôter le noyau.

Les citronner et les couper en lamelles.

Couper le saumon en lanières.

Préparer la vinaigrette.

Déposer les pâtes, les lamelles d'avocat et le saumon dans un saladier.

Laisser au réfrigérateur pendant 2 h.

Au moment de servir, arroser avec la vinaigrette.

Salade de fusilli au crabe et au pamplemousse

• Pour 4 personnes • Préparation : 10 min • Cuisson : 10 min • Réfrigération : 2 h

- 1 grosse boîte de miettes de crabe
- 400 g de fusilli
- 1 pamplemousse
- 1 barquette de tomates cerises
- 1 c. à s. d'aneth ciselé

Vinaigrette :

- 1 c. à s. de vinaigre de xérès
- 3 c. à s. d'huile d'olive
- 1 c. à c. de moutarde forte
- Sel et poivre au moulin

Mettre le crabe dans une passoire et le laisser s'égoutter.

Faire cuire les pâtes al dente dans une grande quantité d'eau bouillante salée pendant 10 min.
Les égoutter.
Les rafraîchir à l'eau froide et les égoutter à nouveau.

Peler le pamplemousse à vif et le couper en quartiers.
Préparer la vinaigrette.
Mélanger les pâtes, les tomates cerises, le crabe et le pamplemousse dans un saladier.
Laisser au réfrigérateur pendant 2 h.
Au moment de servir, arroser de vinaigrette et parsemer d'aneth.

Salade de macaroni au poulet et à l'ananas

• Pour 4 personnes • Préparation : 20 min • Cuisson : 10 min • Réfrigération : 1 h

- 400 g de macaroni
- 2 blancs de poulet cuits
- 1/2 ananas
- Quelques feuilles de batavia
- 1 c. à s. d'estragon ciselé
- Sel

Vinaigrette :

- 1 c. à s. de vinaigre balsamique
- 3 c. à s. d'huile d'olive
- 1 c. à c. de moutarde
- 1 c. à c. de paprika
- 1 c. à s. d'estragon ciselé
- Sel et poivre au moulin

Faire cuire les pâtes al dente dans une grande quantité d'eau salée pendant 10 min.
Les égoutter.

Couper les blancs de poulet en dés.
Ôter l'écorce de l'ananas ainsi que la partie fibreuse centrale.
Le couper en quartiers.
Laver et essuyer les feuilles de batavia.
Les couper en chiffonnade.

Préparer la vinaigrette.
Mélanger les macaroni avec l'ananas, la salade et les blancs de poulet dans un saladier.
Laisser au réfrigérateur pendant 1 h.
Au moment de servir, verser la vinaigrette et parsemer d'estragon.

Salade de vermicelles aux crevettes et au gingembre

• Pour 4 personnes • Préparation : 10 min • Pas de cuisson • Réfrigération : 1 h

*

- 200 g de vermicelles de soja
- 3 courgettes
- 2 c. à s. de sauce soja
- 4 c. à s. d'huile d'olive
- Le jus de 1 citron vert
- 200 g de crevettes roses décortiquées
- 2 c. à s. de gingembre râpé
- 1 petit piment coupé en dés
- 2 c. à s. de menthe ciselée

Verser de l'eau bouillante dans un saladier et y plonger les vermicelles.
Les laisser gonfler pendant 10 min.
Les égoutter et les rincer à l'eau froide.

Laver et essuyer les courgettes.
Ne pas les éplucher.
Les râper comme des carottes.

Mettre la sauce soja, l'huile et le jus de citron dans un saladier.
Bien mélanger.
Ajouter les courgettes, les crevettes, le gingembre, le piment et les vermicelles.
Remuer.
Laisser au réfrigérateur pendant 1 h.
Parsemer de menthe au moment de servir.

Soupe de bœuf aux vermicelles de soja

• Pour 4 personnes • Préparation : 15 min • Marinade : 1 h • Cuisson : 10 min

- 250 g de filet de bœuf
- 2 c. à s. de sauce soja
- 2 carottes
- 1 c. à s. d'huile de pépins de raisin
- 1 l de bouillon de bœuf
- 100 g de vermicelles de soja
- 2 c. à s. de vinaigre de vin blanc
- 1 pointe de piment de Cayenne en poudre
- 1 bouquet de coriandre ciselée

Couper le filet de bœuf en lanières.
Faire mariner la viande dans 1 c. à s. de sauce soja pendant 1 h.

Éplucher et râper les carottes.
Chauffer l'huile dans une sauteuse et y faire revenir les carottes pendant 2 min.
Mouiller avec le bouillon de bœuf.
Ajouter les vermicelles.
Porter à ébullition et laisser cuire à feu doux pendant 5 min.
Incorporer la viande, le vinaigre et le piment de Cayenne.
Porter de nouveau à ébullition.
Bien mélanger et ajouter le reste de sauce soja.

Verser la soupe dans quatre bols.
Au moment de servir, parsemer de coriandre.

Spaghetti aux calmars

• Pour 4 personnes • Repos : 1 h • Préparation : 10 min • Cuisson : 15 min

- 800 g de calmars surgelés
- 4 c. à s. d'huile d'olive
- 1 boîte de tomates pelées au jus
- 1 gousse d'ail hachée
- 400 g de spaghetti
- 1 c. à s. de persil haché
- 1 c. à s. de basilic haché
- Sel et poivre au moulin

Laisser décongeler les calmars pendant 1 h.
Les couper en tronçons de 2 cm.
Chauffer 2 c. à s. d'huile dans une sauteuse et y faire revenir les calmars.
Saler et poivrer.
Ajouter les tomates et l'ail.
Laisser mijoter à feu doux pendant 10 min.

Pendant ce temps, faire cuire les spaghetti al dente dans une grande quantité d'eau salée.
Les égoutter.

Mélanger les pâtes et la sauce tomate dans un grand plat préalablement chauffé.
Ajouter le reste d'huile, le persil, le basilic et les calmars.
Bien mélanger.
Servir aussitôt.

Tagliatelle vertes au bleu d'Auvergne et aux noix

• Pour 4 personnes • Préparation : 10 min • Cuisson : 10 min

- 125 g de bleu d'Auvergne
- 80 g de beurre
- 400 g de tagliatelle vertes
- 25 cl de crème fraîche
- 100 g de cerneaux de noix
- 1 c. à s. d'estragon
- 2 c. à s. d'huile d'olive
- Sel et poivre au moulin

Émietter le fromage à la fourchette dans un bol et le mélanger avec le beurre.

Faire cuire les tagliatelle al dente dans une grande quantité d'eau bouillante salée pendant 3 min.
Les égoutter.

Mettre la crème dans une casserole.
Poivrer.
Laisser chauffer.
Dès que la crème est chaude, ajouter les pâtes et le mélange beurre-bleu.
Remuer délicatement.
Déposer les pâtes dans un plat de service.
Décorer avec les cerneaux de noix.
Parsemer d'estragon.
Servir aussitôt.

Taglierini aux deux citrons et aux noix de cajou

• Pour 4 personnes • Préparation : 15 min • Cuisson : 10 min

- 1 citron vert
- 1 citron jaune
- 20 cl de crème fleurette
- Le jus de 1/2 citron vert
- 2 cuillerées à soupe de coriandre
- 100 g de noix de cajou
- 400 g de taglierini
- Sel et poivre au moulin

Laver les 2 citrons. Les essuyer. Prélever de larges bandes d'écorce avec un couteau économe sans prendre la membrane blanche.
Poser les bandes sur une planche.
Les émincer en fines lanières.
Les faire blanchir pendant 2 min et les réserver.

Faire chauffer la crème pendant quelques minutes dans une casserole.
Ajouter le jus de citron.
Saler et poivrer.
Incorporer la coriandre et garder au chaud.

Faire griller les noix de cajou dans une poêle sans matière grasse.
Pendant ce temps, cuire les taglierini dans de l'eau bouillante salée pendant 10 min. Les égoutter.
Verser les pâtes dans un plat préchauffé.
Napper de sauce et mélanger délicatement.
Parsemer des zestes de citron et de noix de cajou.
Servir sans attendre.

Index

Rigatoni

Crédits photographiques

Toutes les photographies sont de Frédéric Lebain.

Remerciements

Nous remercions ALINÉA - www.alinea.fr - qui nous a prêté la vaisselle et les accessoires utilisés pour les photos.

ISBN : 2-84567-240-3
Dépôt légal : février 2005
Responsable éditoriale : Gracieuse Licari
Conception graphique : Alexandre Nicolas
Couverture : Marina Delranc
Imprimé en Espagne